LE FAVORIT
D'ANGLETERRE,

Dediè

A Monseigneur le Duc de Buckingam.

A PARIS,

Iouxte la Copie imprimée.

1626.

LE FAVORIT

D'ANGLETERRE,

Dediè

A Monseigneur le Duc .de Buchingam.

PIERE Gauerston, homme autant superbe, ambitieux, & turbulent, que la terre porta iamais, fut filz d'un Gentilhomme Gascon, lequel fut bien aymé du Roy d'Angleterre Edouard premier, tant pour sa vertu & valeur, que pour les beaux exploicts de guerre, & bons seruices qu'il lui auoit faict. En consideration & recognoissance desquels, il fist nourrir & esleuer Pierre de Gauerston encores ieune enfant auec le petit Edouart son filz. Ce ieune Prince s'addonna tellement à aymer Pierre, qu'il ne tenoit compte des enfans des Princes & grandes seigneurs, & ne vouloit estre seruy d'autre que de luy. Et encor que le dict Gauerston fist bonne mine & belle contenance d'aymer reciproquement ce ieune Prince, il aymoyt toutes fois plus les presens qu'il en receuoit, tirant par deuers soy tous les thresors & ioyanx pretieux qui deuoyët appartenir au filz du Roy lesquelz il enuoyoit aux marchāds d'outre mer, pour les faire profiter à son aduantaige. Comme l'aage creut à Gauerstō, la malice creut quant & quāt, & se rendit en fin insupportable à tout le monde, que pour les plaintes qui se faisoient de luy, & de sa vie, le Roy fut contrainct par l'aduis commun des plus grands, de le chasser hors d'Angleterre. Cest Edouart surnommé le bon Roy, apres auoir regné trente cincq ans, se sentāt proche de sa fin, enuoya querir son filz, pour receuoir sa benediction, & entendre de

A 2

luy

luy sa derniere volunté. Auquel entre autres chofes il luy recom-
manda & commanda fur peine d'encourir fa malediction qu'il
fe gardaft de renoquer d'exil ledict de Gauerfton , qui auoit efte
chaffé du Royaume, par la fentence des Seigneurs du pays , fi ce
n'eftoit que tous fuffent d'accord de cefte reuocation. Car ce bon
vieillard cognoiffoit, combien il eftoit important pour le bien de
fon fils, & du Royaume, que cefte pefte ne retournaft en Court. En
fecond lieu, il luy fift entendre, comme il avoyt pris la Croix, pour
aller en perfonne en la Terre fainéte, defendre les Chreftiens
contre la violence des infidelles. Or puis que ie nay eu le moyen
dit il, de faire ce voyage, & de m'acquiter de mon voeu, voila
trente deux mille marcx d'argent, que iay deftinez pour y enuoy-
er cent quarante hommes d'armes, auec eux mon coeur, que ie
defire y eftre enterre. Et cela fait, i'efpere en mon Dieu, que toutes chofes leur fuccederont heureufement. Ie vous recommande
donc ceft affaire , & vous commande de la puiffance paternelle
que iay fur vous (mon fils) & fur peine d'encourir ma malediction,
que vous debues grandement redoubter, que vous n'employez ny
defpendiez ceft argent en autre vfaige & fi vous faites autrement,
vous ferez les plus malheureux Roy de la terre. Le Roy eftant de-
cedé Edouart fon fils ne fe foucia des propos que luy auoit tenu
fon Pere, & n'executa aucuns de fes commandemens: car contre
l'opinion , & volunté de tous les Princes & feigneurs il reuoqua
Pierre de Gauerfton, lequel tout aufi toft il feift Cheualier , &
luy donna les trente deux milles marcz d'argent, que fon pere
auoit dedié à fecourir la terre Saincte , Depuis ce Gauerfton eut
le coeur fi enflé & deuint fi infolent, qu'il brauoit tout le monde, & fe mocquoit des grands Seigneurs du Pays, appellant le
Comte de Lanclaftre badin , Le Comte de Pembroc Iofeph le
Iuif, pour ce qu'il eftoit pallé & long : & le Comte de Waruic
chien noir. Et ainfi faifoit il de tous les autres, iufques à ce qu'ayant eu la tefte tranchee, il montra par vne fin fi miferable, qu'il
ne faut que vn tel petit compagnon fe ioüe ainfi, & fi mocque des
Grands Seigneurs au lieu de les honorer & refpecter,

Eftant donc Gauerfton reuoqué comme dit eft , outre l'argent

deftiné

deſtiné pour le voyage d'outre mer, Edouard le ieune, luy donna encores la Comté de Cornubie, & l'Iſle de Man, principal
piece & appartenance de la coronne, ſans en prendre l'aduis
de pas vn des Princes & Seigneurs du pays. Il feit encores plus
Car ſe deliberant de paſſer en France pour eſpouſer Madame
Iſabeau, fille du Roy Philippe le Bel, il luy laiſſa le gouernement
& l'adminiſtration de tont le Royaume, qui apporta vn grand
deſpit, & malcôtentemét à tous les Seigneurs du Pays. Les nopces
faictes & celebrées à Boulogne, auec toute la magnificence qu'on
euſt ſceu deſirer, & auquel aſſiſterét le Roy d'Allemagne ſon fils,
& le Roy de Sicille, Edouard repaſſe en Angleterre auec la nouelle
eſpouſe. Et lors les Princes & grandes Seigneurs vienét au deuãt,
& ſ'eſtudient à l'enuy l'vn de l'autre, qui leur feroit plus grand
honneur. Entre les autres ſe vient preſenter Gauerſton, qui fut
le mieux receu, plus careſſé, & regardé de melieur œil que pas
vn. Choſe qui redoubla à ces ſeigneurs l'enuie qu'ils auoyent
ia conceue contre ce petit mignon, ſe reſeruans d'en auoir la
raiſon en autre temps Or le iour de S. Mathias, que le Roy & l
Royne deuoyent eſtre coronnez, les Comtes & Barons d'Angleterre, traiterét enſemble des affaires de l'eſtat, & requiré.
au Roy que Gauerſton fuſt chaſſé du Royaume. A quoy ne vou-
llant conſentir, ſe deliberent d'empeſcher ſon couronnement.
Ce que craignaut le Roy leur promit & iura de bonne foy,
qu'il feroit tout ce qu'ils voudroient au prochain Parlement
qui ſe tiendroit. Le Roy & la Royne furent donc coronnez à
weſtmonſtier auec vne grande ſolemnité & magnificence: où
aſſiſterent Charles, & Louys Comtes & Oncles de la Royne Ie-
anne, Duceſſe de Brabant, le Comte de Sauoye & pluſieurs autres
tres Seigneurs. Or entre autres belles ceremonies qui ſe obſer-
uent au couronnement des Roys, l'une eſt que le calice & patine
de S. Edouard, ſont porté par le Chancelier, s'il eſt de Egliſe;
& la couronne & les autres ornements royaux par les Seigneurs
ſelon leur rang & dignité. Le Roy y eſtant perſuade, qu'il n'a-
uoit homme de plus grand merite, que ſon mignon, luy feiſt
porter la couronne, quoy qu'il euſt les mains ſouillées, & aux

A 3

Com-

Comtes & Barons la Croix, la verge, les esperons, & les espees, dont à bon droit tout le clergé & le peuple furent grandement indignez.

Cela faysoit leuer les cornes à Gauerston, & augmentoit son insolence de plus en plus. Tellement que ayant le iour de son couronnement fait crier vn tournoy à Walingfort, pres le château, il y assembla de toute part grande cheualerie, & feist fouler indignement souz pieds de son cheual les Principaux Seigneurs du pays, qui venoyent contre luy. Entre lesquels estoyent Thomas Comte de Lanclastre, Humfroy Comte de Herford Emeri Comte de Pembroc & Iean Comte de Veranne qui estoient presque tous les principaux du Royaulme. Lesquels portans fort impatiemment l'arrogance de Gauerston, & l'iniure qu'ils auoyent receuë, cerchoyent de iour en iour les moyens de le ruyner. Tellement qu'en l'an 1310 & le second du regne du ieune Edouard, les plus grands & principaux du Royaulme, considerans que le Roy estoit enforcené de l'amour de cest homme, qu'il ne faisoit estat d'autre conseil & compagnie que de la sienne, que toutes affaires du royaume se vuidoyent par l'aduis de ce mignon, & rien ne passoit, & ne s'expedioit, s'il ne parloit, s'il ne luy plaisoit: se trouuent grandement indignez & fachez: mais encores plus de que ce gallant aymoit plus l'argent que l'equité, les presens que la iustice, & qu'il faisoit enleuer les deniers qu'il auoit pillé, & meschamment acquis en ses fortes places, ou bien les enuoyoit aux marchans d'outre mer, pour les faire proffiter comme dit est. Et ce qui augmentoit encores plus leur iuste corroux & douleur, estoit de se veoir ainsi mesprisez, brauez & precedez aux dignites & honneurs par ce Gascon, auquel il ne se pouuoit remarquer aucune apparence de vertu, ny de prudence qui le recommandast. Voyes vous (disoyent ils l'un à l'autre) comme nous perdons nostre temps d'endurer dauantaige l'orgueil de ce meschant & pernicieux homme.

L'estat s'en va perdu, s'il vit encores guerres de temps. Il est donc de necessité d'en purger le pays, le faire mourir, de peur

que

que par l'authorité du Roy, dont il se ioue, & la puissance qu'il
a, il ne nous introduise en ces Royaumes des estrangers, qui ne
violeront pas seulement nos belles loix & bonnes, mais nous
chasseront en fin de ce pays. Ils demeurent tous fermes en ce
propos & resolution, & en fin, quoy-que bien tard, selon la
coustume des Anglois, se voyans reduit à vne grande necessité,
s'en viennent au Roy sans faire bruit, & le supplient humble-
ment, qui luy plaise desormais traiter les affaires de son royaume, qui auoyent grand besoing d'estre reglées par le conseil de
ses Barons, afin d'obuier aux dangers eminens, qui menaçoient
l'estat. Cela leur fut accordé par le Roy, lequel à ces fins fait a-
ssembler son Parlement, & y appella ceux qui auoyent de coustume y assister, En ce Parlement ils supplierent instamment
sa Maiesté, qu'il donnast plaine puissance & auctorité aux Barons de dresser des articles concernans le bien & vtilité tant de
son seruice, que de royanme & de toute l'Eglise d'Angleterre.
Le Roy l'apperceut aussi tost ou tendoit leur requeste, & se de-
fia qu'ils vouloyent demander la confirmation de la grande
charte (qu'ils appellent) ou celle de la forest, ou bien (ce qu'il
craignoit le plus) qu'ils voulussent ordonner, que Gauerston seroit banny du Royaume, Cela fut cause qu'il fut long temps à
se resouldre, & à rendre responce à ceste requeste. Toutes fois
vaincu par importunité, il se laissa aller en fin, & leur promit
derechef, maintenir & garder tout ce qu'il ordonneront. Ayant
donc en ce consentement du Roy, ils bastirent leur conseil de
six Duques, & plusieurz du Clerge assistez de personaiges du
tiers Estat, sages & bien aduisez pour dresser lesdicts articles.
Pierre de Gauerston s'estant trouue en ce Parlement, ne rabat
rien de son orgueil accoustumé, ains dedaignant les Barons selon la façon ordinaire, desgorgea plusieurs propos iniurieux
contre quelques vns. Ce que toutes fois ils dissimulerent encores
esperans tousiours que le temps leur ameneroit quelque occasion d'en prendre la vengeance, comme de toutes ses autres in-
solences. Ce qu'il ne pensoit que iamais il aduint, tant estoit
auenglé. L'annee donc 1311 & le 3. du regne dudict Edouard

il feit tenir le Parlement à Londres, ou se trouua toute la Noblesse du Royaume, & la furent representez au Roy les articles dressez, comme dit est, pour la reformation de l'Estat, lesquelz les Barons requeroyent instamment d'estre confirmez par sa Maiesté & seellez de son seau : & aussi qu'il prestast serment de les garder & obseruer inuiolablement. Le Roy estimant que pour lors il ne failloit rien refuser aux Barons, feist le serment requis, & condescend a toute leur demande. Et afin que lesdicts articles fussent encores mieux gardez l'Archeuesque de Cantorbie auec ses suffragans, prononça sentence d'excommunication contre ceux qui y contrauiendront. Cela faict, lesdicts Articles furent leuz publiquement en l'Eglise de S. Paul a Londres, en la presence du Roy, des Prelats, Barons & Seigneurs du Royaume, entre lesquelz on demandoit, que la grande charte fust obseruée auec plusieurs autres prouisions necessaires pour le bien de l'Eglise & du Royaume. Que le Roy chasseroit de son pays (selon le commandement du feu son Pere) tous estrangers, & ceux qui luy donnoient meschant & pernicieux conseil. Qu'a l'aduenir toutes les affaires seroyent decidees par l'aduis du Clergé & des Barons. Qu'il n'enterprendroit doresenauant guerre, ne feroit aucune leuée d'impost, & n'alieneroit aucune chose de son domaine, sans le conseil des dessusdits. Cela despleust merueilleusement au Roy. Toutesfois il fut contrainct pour lors d'en passer par la. Tellement que Pierre de Gauerston fut condamnée de vuider l'Angleterre, & d'estre relegué en Hibernie : Mais le Roy ne confirma pour lors les autres Articles. Si est ce que les Barons & Seigneurs furent fort resiouiz d'auoir gaigné sur luy ce point que Gauerston seroit chassé. Tellement que le parlement finy chascun se retira en sa maison fort content. Mais le Roy en receut vn tresgrand desplaisir, le voyant priué de celuy duquel il ne se pouuoit passer. Cela fut cause que cherchant & recherchant tous les moyens de le pouuoir rappeller d'exil, il fut en fin conseillé par l'vn de ses plus intimes & fauoris, que pour le faire retourner en asseurance : & conseruer à l'aduenir sa fortune auec moins d'enuie, il falloit luy faire esposer la sœur du Comte de Glouernie

qui

qui estoit encores ieune & bien aimé de tout le royaume &
soubs la tutele & garde du Roy estimant que par ce moyen tous
les Seigneurs endureroyet plus facillement de Gauerston, pour
l'amour & honneur qu'ilz portoyent au ieune Comte estant
vne fois son beau frere. Ce conseil aussi tost donné, voila Gauerston reuoqué, qui ne demeura gueres, qu'il ne fust marié auec
la sœur du ieune Comte, lequel n'en fust content. Mais bien tost
apres le Roy & ceux qui luy auoyent donné ce conseil, se trouuerent grandement deceux. Car au lieu que Gauerston se de-
buoit recognoistre pour l'exil qu'il auoit iustement souffert, &
faire son proffit de ceste alliance, elle luy enfla le cœur dauan-
tage, & braua encores plus la Noblesse qu'il n'auoit fait aupara-
uant. Et non content de telles brauades, il effemine & infatue le
cœur du Roy, & le destourne de garder la promesse qu'il auoit
donné en plein parlement, de ne traicter des affaires du Royaume sans l'aduis des Seigneurs. Il dispose & se ioue comme au-
parauant des thresors & finances de son maistre, & apres auoir
crocheté tous ses coffres, il le rendit si pauure & necessiteux
qu'il ne luy demeura vn soul pour subuenir à la despence ordinaire de sa maison. La Royne, pareillement se trouua en vne necessité extreme aussi bien que le Roy, laquelle se voyant re-
duicte, fut contraincte d'enescrire au Roy de France son pere,
non sans vne abondance de pleurs & larmes. Lequel fort eston-
né d'vn si grand desordre aux affaires du Roy, & d'vn si maigre
traictement que receuoit sa fille, par l'artifice de ce mauuais
garnement de Gauerston, escriuit aux Comtes & Barons d'Angleterre, qu'il s'esbahissoit comme ilz souffroyent regner vn
tel abus & vne telle insolence. Cependant l'orgueil & arrogance de ce galant croissoit tousiours de pis en pis. Il mocquoit des
plus grands, il nasardoit les mediocres, & se vantoit qu'en de-
spit d'eux il feroit tout ce que bon luy sembleroit, & ny auroit
homme qui l'en peust empescher. Ce que cognoissans les Barôs,
& mesme que leur trop longue patience estoit cause que Gauerston deuenoit plus proterue & insolent, tous d'vne commune
& ferme resolution viennent au Roy, & le prient instamment.

B

de

de chaſſer ce mignon hors de la cour, en executant les articles
qu'il auoit ſi ſainctement iurez, aultrement qu'ilz auoyent tous
proteſté de ſe bander,&s'eſleuer contre luy comme contre vn
periure.Cela luy ſembloit fort eſtrange par ce qu'il ne ſe pouuoit paſſer de la compaignie de ce Gaſcon.Mais d'ailleurs apres
auoir balancé la neceſſité ou il eſtoit, auec les grands biens &
moyens de ces Seigneurs, ſon impuiſſance auec leurs forces, il
aduiſa qu'il luy eſtoit force de s'accommoder au temps.Tellemēt
qu'il leur accorda la requeſte, plus par crainte que par amour,
plus par neceſſité que par vne bonne & franche volonté.

Et en ceſte façon permiſt que ſon mignon ſeroit de rechef
banny, à telle condition, que ſi par apres il eſtoit rencontré dedās
les bornes du Royaume, il ſeroit auſſi toſt apprehendé, & mis à
mort comme vn ennemi capital de la patrie. Cela fuſt executé,
& à ceſt effect fut conduiſt en France ſoubs bonne garde, non
ſans grands regrets & larmes reſpandues, par ce pauure banny.
Le Roy de France ayant entendu qu'il eſtoit entre en ſon Royaume, le feiſt rechercher en toute diligence par ſes Preuoſts des
Mareſchaux auſquels il commanda luy mettre la main ſur le
collet, & d'enfaire punition exemplaire, affin de luy oſter les
moyens de retourner en Angleterre, pour troubler encores ſa
fille,& brouiller le Royaume. Mais le galand ayant ouy le vent
de ceſte recherche, ſerre bagaige,& ſe retira en toute diligence
au pays de Flandres. Ou ne ſe ſentant plus aſſeuré qu'en France,
s'enfuiſt tantoſt en vn lieu,tantoſt en l'autre,comme vn miſerable vagabond,ne trouuant aucun repos,ny aſſeurance, tāt il eſtoit
bourrelé en ſon ame & en ſa conſcience.En fin ſe voyant au d'e-
ſeſpoir & ſe repreſentant d'vn coſté l'alliance qu'il auoit con-
tractée auec le Comte de Glouernie duquel il auoit eſpouſé la
ſœur,ie delibere,quoy qu'il aduint,de retourner en Angleterre.
Ce qu'il execute auſſi toſt & menant auec luy quelques Gaſcós,
ſe vient iecter entre les bras du Roy,lequel mettant ſouz le pied
tous les ſermens & promeſſes qu'il auoit faittes, le receut auec
autant de ioye,comme ſi c'euſt eſté vn Ange deſcendu du ciel,&
le retint a ſa ſuitte luy & ſon train.C'eſtoit vn peu au parauant

la feste de Noel, laquelle le Roy paſſa à Londres en grande ioye
pour la venue de Gauerſton iadis Comte de Cornubie. Mais ſi le
Roy s'en reſioniſſoit toute la Cour auec la Royne, conceuoit grã-
de facherie de veoir le Roy ſi aſſoté & affolé de ce miſerable: Le
bruit courut incontinent par tout, que Gauerſton eſtoit retourné
d'exil. Ce qui engendra vn grand deſpit & creuecœur aux grands
& aux petits, d'auoir eſté iuſques icy ſi malheureux, que de ne l'a-
uoir encores ſceu exterminer de la Cour & ſuitte du Roy , quelque choſe qu'ilz euſſent ſceu faire. Ce fut a lors que tous les plus
grands Seigneurs du Royaume conſulterent enſemble par quels
moyens ilz pourroient mettre fin finale à ce deſordre, & aux grãds
troubles qu'ilz preuoyoient infalliblement arriuer, s'il ny eſtoit
promptement remedié. Ilz craignoient comme le feu d'exciter v-
ne guerre en leur pays, & n'oſoyent bonnement troubler & tra-
uailler le Roy à guerre ouuerte.

   Toutesfois apres auoir peſé & balancé les raiſons & dangers
d'vne part & d'autre, ilz trouuerent que pendant que Gauerſton
ſeroit en vie, le royaume ne pourroit iamais demeurer en paix &
repos, & que le Roy ſeroit touſiours neceſſiteux: & que la Royne
ne ſeroit iamais bien venue, aymée ny honnoree de ſon mary cõ-
me elle deuoit. Apres auoir donc conſideré diligemment tous les
dangers du paſſé & du preſent & preueu ceux qui pourroient arriuer, ilz reſolurent entre eux de ſouffrir plus toſt & endurer toutes choſes, que d'eſtre ainſi ignominieuſement meſpriſez à l'aduenir par ceſt eſtranger. Ilz eliſent vn chef pour la conduitte de
leur entrepriſe, Thomas Comte de Lanclaſtre, homme de noble
& ancienne race, opulent en biens, vaillant au poſſible, & ſur tout
homme de bien & de vertu. Iceluy donc par la commune opinion de la Nobleſſe, enuoye par deuers le Roy, perſonnes honno-
rables, pour le ſupplier de la part de tous , qu'il leur liuraſt es
mains Pierre Gauerſton, ou bien qu'il luy commandaſt de vuider le Royaume comme il auoit eſté ordonné. Le Roy cõduit par
ſon mauuais conſeil, ne tient pas beaucoup de conte de leur requeſte, lequel les quitte la, & s'en vint a neuf Chaſtel ſur Tyne, ou
il ſe iourna iuſque a l'Aſcenſion. Cependant les Barons & Seig-

B 2

neurs

neurs confiderans que le Roy fe mocquoi d'eux, affemblent vne
forte armée, qu'ilz font fuiure apres, non pour faire aucun tort
ny fafcherie à leur Roy & feigneur, mais feullement pour prendre Gauerfton, & en faire iuftice felon les iugements, qui en a-
uoyent ia efté donnez. Le Roy voyant que ces Barós le pourfuy-
uoyent a guerre ouuerte, comme fi c'euft efte quelque banny ou
fugitif, il s'enfuit auec fon mignon en grãd hafte, & fe vint rédre
a Tynemuth ou eftoit la Royne, qui le pria a chaudes larmes de
demeurer la auec elle. Mais ayant plus de pitié de Gauerftó, que
de fa femme, & ne fe fentant affeuré, paffa plus outre dans vn ba-
teau, & fe rendent tous deux a Scardebourg, auquel lieu y auoit vn
fort Chafteau, mais il eftoit defgarny d'armes & viures. Le Roy
cogneuft que la place n'eftoit pour lors tenable, qui fut caufe
qu'il s'en vint au pays de waruic, laiffant en ce Chafteau Gauerfton auec quelque nombre de gens, aufquels il le baille a garder, & commanda de garnir la place de viures. Les Barons ayans
defcouuert la fuitte du mignon, ilz fe faififfent des cheuaux, armes, & autre butin, qu'il auoit laiffé a Neuf-Chaftel, lefquelz ilz
font apprecier, & les baillent en feure garde. De la ilz pourfuiuent
leur homme en toute diligence, & le viennent affieger a ce Chafteau de Scardebourg, ou le Roy l'auoit laiffé, & l'affaillirent d'vne
telle furie, que en peu de téps la garnifó qui eftoit dedãs, n'y peut
plus refifter. Et lors le pauure Gauerftó voyãt qu'il n'y auoit plus
de moyé de fuyr, fe rend a eux, foubs condition que fans aucune
exceptió, il fe fub mettoit au iugement des Barós, aufquels il ne demande autre chofe fi non qu'il luy fuft permis au moins encores
vne fois de dire vn mot au Roy fon maiftre auant que de mourir.
On rapporta foudain au Roy la prinfe de Gauerfton qui en fut
tref-maty, il demanda à parler à luy, & pria les Barons de luy fau-
uer le vie, leur promettant que s'ilz luy accordoyent cela, qu'il feroit tout ce qu'ilz voudroyent.

Le Cóte de Pebroch trouua la promeffe du Roy honefte, & qu'il
ne la falloit mefprifer, & fuft d'aduis que on luy accordaft fa de-
mãde, fe faifant fort, fur peine de perdre tous fes biens, de leur rédre Gauerfton fain & fauue apres qu'il l'auroit fait parler au Roy
On luy bailla donc Gauerfton en garde, à la charge de le repre-
fenret

senter sans aucune fraude, aux iours & lieu ordonnez. Ainsi ce
Côte le préd pour le mener vers Walingford, & côme il appro-
choit d'vn villaige nômé Dadigton pres de VVaruic, il le baille
en garde à ses gens pendant qu'il passeroit la nuit auec sa femme.
Le Côte de VVaruic en ayant ouy la nouuelle s'en vint a la mesme nuit auec grand nombre de soldats, & tire Gauerston des
mains des gens du Comte de Pembroch.

Or côme on assembla le conseil pour consulter ce qu'on feroit
de Gauerstô scauoir s'il seroit plus expedier de le tuer, ou bié de
le rendre au Roy qui le demandoit. Quelqu'un de la compagnie
hôme de grand cerueau & bien aduisé, se leue, & leur parle de
ceste façô. Messieurs ce seroit chose vaine & ridicule, apres auoir
long temps couru, & poursuyui vne proye & en fin prinse auec
toutes les peines & difficultez du monde, de la laisser eschapper
de noz mains, pour courir de rechef apres. Nous nous deuôs sou-
uenir des deportemens de ce malheureux, des crimes & forfaicts
qu'il a cômis, de la perte & dômaige qu'il a apporté a toute la patrie, des mocqueries, mespris & brauades qu'il a faict a vn chascû,
de l'arrogance & orgueil dont il a tousiours vsé en tous ses faicts
& ses propos. Il faut aussi que nous soyôs memoratifs, des peines
& trauaux que nous auons souffert, tant en commun que en par-
ticulier, des fraiz & despenses innumerables qu'il a fallu porter,
de plusieurs fascheries & ennuys, desquelles ie ne voy encores
le bout, qu'il a conuenu endurer auant que prendre ceste proye.
C'est pourquoy de peur qu'elle ne nous eschappe des mains, &
que ne veniôs a tomber es mesmes incôueniens, ie suis d'aduis
que cest homme si pernicieux meure plustost, que de voir le Royaume troublé d'aduantaige par vne guerre dont il est cause.

Ce côseil fut trouué tres bon, & fut suyui de toute l'assemblée.
Et incôtinét on faict sortir Gauerstô de la prison, lequel eut la te-
ste trenchée, côme vn côtempteur & violateur des loix, & côme
vn traistre & proditeur du Royaume. Voyla côment celuy qui autre fois appelloit le Comte de Waruic chien noir par mocquerie,
sentit en fin la morsure picquante de ce Seigneur, comme
il luy auoit predit. Le corps de Gauerston fut porté par les
Iacobins à Oxford, & demeura chez eux plus de deux ans

iufques a ce que le Roy l'eut fait traſporter en ſon palais à Lan-
gley, & enterrer en l'Egliſe des Iacobins qu'il y fiſt baſtir, auſquels il aſſigna reuenu pour viure & pour prier Dieu pour l'a-
me de Gauerſton & des Roys ſes predeceſſeurs. Auquel lieu il
feiſt faire vn tres-beau ſeruice, auec autant de pōpe, que ſi c'euſt
eſté vn Roy, mais pas vn des Barons & Seigneurs n'y voulurent
aſſiſter. Leſquels en fin eſtans venus à bout de leurs deſſeins, en-
uoyent requerir le Roy, qu'il luy pleuſt confirmer & exécuter
les Ordonnances qui auoyent eſté faictes, le menaçant que s'il
ne le faiſoit en brief, ilz le luy feroyēt faire par force. Et de faict
ayans aſſemblé vne armée, ilz viennent occuper tout le pays, qui
eſt aux enuirons de Dumſtapli le Roy eſtant pour lors a Londres. Les Prelats & le Comte de Glouernie, voyant que ceſte diuiſion eſtoit fort dangereuſe pour tout l'Eſtat, font tout qu'ilz
peuuent, pour compoſer le tour par vne bonne paix, & accorder
les deux parties. Il y auoit aupres du Roy des boutefeux, qui em-
peſchoyent ceſte vnion, & qui par faux rapports, qu'ilz luy fai-
ſoient des Barons, accroiſſoyent touſiours le mal talent qu'il leur
portoit. Le Pape voyant que ces diuiſions ne pouuoyent apporter
qu'vne confuſion au Royaume & vne grande playe à l'Egliſe,
enuoye expres deux Cardinaux pour reconcilier ces Princes a-
uec leur Roy, & empeſcher le cours de ceſte guerre qu'il voyoit
allumée. Mais les Princes & Seigneurs leur reſpondirent, qu'ilz
ſe paſſeroyent bien de leur conſeil, qu'ilz auoyent en leur compagnie gens de bien & de vertu, & de grande experience, par
l'aduis deſquelz ilz s'eſtoyent gouuernez & conduits, qu'ilz n'a-
uoyent entreprins, ceſte guerre qu'auec iuſte raiſon & grāde neceſſité, qu'ilz les prioyent de ſe deporter de ceſt affaire, de laquelle quand ilz ſeroyent bien informez ilz eſtimoyent, qu'ilz
iuſtifieroyent touſiours leurs actions. Or le Roy ſe ſentant foible
tient ſon Parlement à Londres l'an mil trois cent & treize, ou
il fait conuoquer le Clergé, la Nobleſſe, & le tiers eſtat. Et la il
faict des grandes plainctes deuant tous, du meſpris & rebellion
que luy auoyent faicts les Barons, des dommaiges qu'ilz luy a-
uoyent procuré nagueres à Neufchaſtel, & (ce qui luy peſoit

plus

plus fur le coeur)de la prife & meurtre commis a la perfonne
de fon mignon.Lors les Barons refpondent tous d'vne voyx, que
fauf l'honneur & reuerence qu'ilz deuoyont à leur Roy,ilz n'a-
uoyent en rien failli en tout ce dont il s'eftoit plaint, ains au cõ-
traire,que toutes leurs actions meritoyent bien pluftoft fon a-
mour & bonne grace,qu'vne difgrace & desfaueur. Quant aux
armes qu'ilz auoyent leuées que ce n'auoit point efté contre fa
perfonne,ny pour le mefprifer en rien,mais bien ne vouloyent
ilz nier que ce ne fuft que pour exterminer l'ennemy public du
royaume,qui auoit efté ia banny tant de fois par le confentemẽt
de deux Roys,& de tous les eftats du Pays, qui auoit efté caufe,
que la renommée du Roy auoit efté diffamée par tous les eftran-
gers:qui auoit pillé & efpuifé tout le bien & puiffance du Roy
& de Royaume,qui auoit donné occafion d'vne fi longue diuifion entre le Roy & fes naturels fubiects. Ilz adiouftent encores
a leur proppos qu'ilz vouloyent voir la fin de ceft affaire, fans
differer plus longuement par parolles & promeffes vaines &
inutiles.Que iufques icy ilz auoient beaucoup defpendu & tra-
uaillé pour ceft affaire, pour laquelle mefme ilz l'auoyent mis
tous leurs amis en peine fans tirer aucun fruict de la reformation,qu'ilz auoyent toufiours defirée & rechercée. Les Barons
parlerent ainfi hardiment,& auec telle animofité, qu'ilz prote-
fterẽt pluftoft mourir,que de remettre l'affaire en autre tẽps. La
Royne fage & vertueufe Princeffe marrie de cefte diuifion,fait
tout ce qu'elle peut auec les Prelats & le Comte de Glouernie,
pour l'appaifer.Ilz courent vers les vns & les autres,tachant par
belles remonftrances flefchir & amollir le coeur des deux parties, & procurer par ce moyen vne bonne reconciliation.En fin
ilz font tãt qu'ilz ameinent le Roy à cefte raifon, fcauoir qu'il
depoferoit toute haine & malueillèce qu'il auoit côtre fes Barons
& mettroit foubs le pied tout ce qui s'eftoit paffé entre eux
& luy pourueu qu'ilz fe humiliaffent deuant luy & deman-
daffent pardon de l'offenfe faicte contre luy. Et de fa part,qu'il
les receuroit en bonne paix & reconciliation fans aucune
diffimulation ou faintife.

Que

Que pour l'aduenir il les traicteroit comme ses liges & feaux
seruiteurs, & mettroit a execution finale les Articles par eux tãt
des fois demandez. Et pour le regard de la mort pour asseurance de quoy il feroit expedier lettres d'impunité a ceux qui en
demanderoyent. Les choses ainsi passées & accordées, les Comtes
& Barons cognoissans la necessité du Roy, luy offrirent liberale-
ment le quinziesme denier de leur reuenu temporel. Et en ceste
façon chascun s'en retourna de ce Parlement en ioye, en paix, &
en repos.

En ce temps mesme, la Royne Isabeau accoucha de son premier filz. Et combien qu'il y eust pour lors plusieurs grands Seigneurs & Dames de France, entre lesquels estoit Louys fils du Roy
& frere de la Royne, qui desiroyent qu'on donnat au petit enfant le nom de leur Roy, toutesfois les Seigneurs d'Angleterre ne
s'y voulurent accorder, & le nommerent du nom de son pere
Edouard, à la natiuité duquel l'Angleterre receut grande ioye.
Et le pere en conceut tel plaisir, que cela tẽpera la douleur qu'il
auoit de la mort de Gauerston. Depuis ce iour la par vne proui-
dence de Dieu l'amour du pere au fils commença a s'accroistre,
& la souuenance de Gauerston s'euanouir, & le Roy s'accom-
moda a la volonté de ses Barons. Toutesfois comme le naturel
de ce Roy estoit muable & inconstant, il ne demeura gueres en
cest estat, par le conseil de Hugues le Despensier, qui succeda a
Gauerston aux mesmes honneurs, & malice. Car il r'alluma le
feu aucunement esteint, des deffiances, haines, & inimities entre
le Roy & la Royne, qu'il fist chasser du Royaume, & les Barons
& Seigneurs qu'il fist decapiter, comme il sera deduict par ce petit aduertissement, que i'ay adiouste a ceste histoire affin de con-
duire Edouard iusques au tombeau, comme nous auons faict son
mignon.

AV LECTEVR.

SI la condition de Pierre de Gauerston à esté si miserable, celle de ce Roy Edouard le fust encores plus. Froissart au com-
mencement de son histoire recite, qu'il y a eu ordinairemẽt vne

telle

telle rencontre en la succession des Roys d'Angleterre, que entre deux bons, il s'en est trouué vn meschant, entre deux belliqueux & vaillans vn fait neant, & entre deux sages & prudens
vn dissipateur & prodigue. Cela se recognoist a l'œil en cest
Edouard:son pere & son fils. Car quant a Edouard, fils de cestui-
cy, il fut homme de grand esprit, de grandes entreprinses &
grand guerrier, ayant faict souuét paroistre sa vertu & prouesse,
tant contre l'Escossois, que contre le Francois, sur lequel apres
vne grande victoire il conquist la ville de Calais. Le Pere surnommé aussi Edouard eut trois vertuz entre autres, qui le rendi-
rent espouuentable a ses ennemis, admirable a ses amis, amiable
à ses subiects, & recommandable à la posterité. Il auoit grande fi-
ance en Dieu & bon zele à la religion Chrestienne, le vray fon-
dement pour bien establir & conseruer l'estat d'vne Monarchie.
Il auoit proposé comme il a esté dit, de faire le voyage de la terre saincte, & y mener vne armée, pour guerroyer les Sarrazins,
s'il n'eust esté retenu par les guerres ciuiles, & preuenu de mort,
qui estoit lors l'exercice de pieté des Roys Chrestiens, n'ayans
aucuns ennemys de Dieu plus proches a combattre. Ce fut le plus
belliqueux & vaillant de son temps, comme il monstra par experience, en plusieurs belles victoires qu'il obtint sur les Escossois ses voysins, en l'vne desquelles il en deffit iusques au nombre de soixante mille, sans faire perte des siés que de sept mil
tant seullement, & adiousta a l'Angleterre toute l'Escosse. Il fut
aussi fort amateur de son peuple, & reciproquement bien aymé
d'vn chascun, en tesmoignage de quoy on l'honnora de ce beau
titre & surnom de bon Roy Edouard. Son fils ne luy ressembla
en rien qu'au seul nom, ains degenera du tout de sa race & vertu. Il se mocqua, & ne tint compte des beaux aduertissemens &
preceptes qu'il luy auoit donné auant sa mort, dont il encourut
iustement sa malediction. Qui fut occasion (comme remarque
Walsingam) que tout le reste de sa vie fut suyuie & accompag-
née d'vn perpetuel malheur qui le precipita en vne fin encores
plus funeste & miserable. Car contre le commandement du pere, il profana & prodigua les deniers destinez pour la deffence

de la

de la religion, & les donna a son mignon pour commencer son
magazin. En quoy il commit double crime de sacrilege, & d'vne
insigne ingratitude & desobeissance a son pere.

Tout ce que son pere auoit coquis sur l'Escossois, fut tout aussi tost perdu par sa faineantise. Car le Roy d'Escosse non seulement reprint & regaigna ce qu'il auoit perdu, mais impieta sur
luy vne grande partie d'Angleterre, en laquelle il feit teldegast,
qu'il brusla par deux fois, iusques à cincq iournées detendue de
pays. Si ne fut il en rien esmeu en tout cela, se reputant encores
assez riche & heureux pourueu qu'il ne fut troublé ny interrom-
pu, aux aises & plaisirs qu'il prenoit auec ses mignons. En quoy
ie le compareray volontiers a l'Empereur Galien, l'oisiueté &
laschete duquel fut cause de la perte & ruyne de l'Empire. Galiē
s'amusoit au printemps a faire des maisons de roses, & en l'Auto-
mne a faire des Chasteaux de pommes. Et quand on luy venoit
annoncer, tantost que l'Egipte s'estoit renolté, tantost qu'il auoit
perdu l'Asie, tantoit que les Gaulois auoyent secoue le ioug de
son obeissance. Et bien disoit il, nous nous passerons facillement
du lin d'Egipte, nous viurons bien sans ceux d'Asie, nous n'auons
que faire des Gaulois. Et ainsi ie rioyt de la perte des autres Pro-
uinces, qu'on luy annoncoit tous les iours. Il fust mal voulu de
son peuple qu'il accabla de grands imposts, apres auoir vendu, en-
gagé & donné vne partie de son domaine, & tout pour contēter
les mignons. Qui l'aueuglement, ie vous prie, quelle indignité,
quelle cruanté, d'appaurir tout vn Royaume, de faire mourir de
faim tant de gens, pour enrichir ie ne scai quels coquins, qui ne
seruent de rien au public. Quelle folie & oubliance de donner à
vne ou deux personnes indignes ce qui suffiroit à recompenser
tous les Cheualiers, & braues Capitaines. O que le Roy est vn
mauuais pugille, disoit Alexandre Seuere, que des entrailles des
subiets nourrit & esleue gens inytiles, & desquels la republicque
ne peut esperer aucun bien. Il traicta indignement sa Noblesse,
luy baillant toutes les occasions de malcontentement, & principalement les Barons & Seigneurs qu'il hayoit mortellement, par
l'induction de son meschant cōseil, qui empeschoit par tout moyē

qu'il

qu'il ne fust bié auec eux, affin de faire mieux ses affaires. Ioint
qu'estant vitieux & depraué ne vouloit voir les gens de bien &
de vertu, qui se plaignoyent incessammét d'vn tel desordre, qu'ils
voyoyent aux affaires de l'estat. Et dautant qu'il cherchoit vn
repos se plongeant en delices, d'autant plus Dieu permist qu'ils
fust mis hors de repos. Car outre les affaires que luy dóneret les
François & Escossois, les Barons & Seigneurs furent contraints
luy faire guerre, comme nous auons dit en la vie de Gauerston.
Et la Royne se voyant chassée d'Angleterre se refugia, tatost en
France, tatost en Flandres, dont elle retourna auec plusieurs
Princes & Seigneurs qui luy aiderent d'argent & de gens, pour
auoir la raison de luy, & de son pernicieux conseil. Ce qui est
plus a remarquer en ses vices, & la perfidie & deloyauté. Ses
Barons le contraignirent plusieurs fois à tenir ses Estats pour re-
former les abuz de sa Cour, ausquels il promettoit mons & mer-
ueilles, auec serment de garder, ce qui y estoit resolu, mais au
partir de la se voyant sorty de la presse, il se mocquoit de sa promesse, & n'en vouloit rié tenir. Marc Antoine disoit que la chose plus calamiteuse en l'estat est quand la foy est violée, sans laquelle nulle vertu peut estre asseurée, nulle societé entre les hó-
mes ne peut subsister, & principalement quand le Roy qui est le
soustien d'icelle est muable & inconstant en ses propos, & pro-
messes. Il ne peut autrement qu'il ny ait vne perpetuelle defian-
ce de luy a ses subiets, & merite a bon droict (comme dit Aristote
du menteur) qu'on ne s'asseure iamais a luy. Or Edouard se sen-
tant tant de fois trauersé en ses aises par ses Barons & Seigneurs
qui iustement pourrsuyuoyent vne bonne reformation, il accom-
pagna par le conseil de Hugues le Despensier, sa perfidie & deloyauté, d'vne cruauté insigne & memorable. Car feignant luy
mesme qu'il recognossoit la maladie du Royaume, a laquelle il
desiroit remedier il fist assembler les Estats. Mais à la verité c'e-
stoit pour attraper les Princes & Seigneurs, & les faire mourir.
Ilz s'y trouuent fort volontiers, ne se defiant de ceste trahison,
ains estoyent bien ioyeux de veoir le Roy disposé de luy mesme
a faire ce qu'ilz ne luy auayent sceu persuader. Et lors il en faict

ap-

apprehender iufqu'au nombre de vingt & deux, aufquels il feiſt trencher la teſte. Entre lefquelz il y auoit Thomas de Lanclaſtre ſon Oncle homme de ſainɛte vie, qui fit pluſieurs beaux miracles apres ſa mort & fut en fin canonizé, côme teſmoigne Froiſſart. Quand ie contemple les faiɛts & diɛts de ce miſerable Roy il ſemble qu'il ait practiqué toutes les regles pernicieuſes de ce perdu Machiauel, ou bien que, Machiauel ait pris ſa vie pour exemple & patron des autres meſchans Roys, & d'ou il a puiſé ſes reigles, comme eſt celle qui dit, qu'il ſuffit à vn Roy faire ſemblant d'homme de bien, ores qu'il ne le ſoit, d'eſtre plus craint qu'aimé, d'entretenir diuiſions & debats entre ſes ſubieɛts, de ne craindre a ſe pariurer de ne garder ſa foy, d'appauurir les ſubiets pour les tenir en bride, de faire vne multitude d'Officiers, & pluſieurs autres ſemblables. Mais ceſt aſſez parlé de ſa vie ſans s'arreſter a reciter les autres crimes horribles dont il eſtoit comble. Hugues le Deſpenſier le ieune fut puny ſelon ſes demerites. Car en deteſtation de ſa Sodomie on luy coupa ſes parties honteuſes, & luy le coeur arraché & mis au feu, qui auoit couué & fabrique tant de mauuais conſeils, tant de perfidie & trahiſon.

Nous pouuons iuger par ce petit diſcours, en quel eſtat eſtoit Angleterre, durant le regne de ce fol & eſſeminé Edouard. Elle n'euſt marqué d'un Gauerſton ou d'un Hugues le Deſpenſier, qui pour diuertir vne guerre contre les Heretiques, euſſent brouillé les cartes, & nourry diuiſion entre les Princes Catholiques, & pluſtoſt practiqué l'alliance auec tous les diables d'enfer, pour empeſcher que on ne vint a faire recherche exaɛte de leur vie.

Dieu veuille auoir pitié des Royaumes & republiques, qui ſont ſoubs le ioug d'un tel Chef, & gouuernées par vn ſi dangereux conſeil.　　　Amen.

Ceſte Hiſtoire Tragique & memorable de Pierre de Gauerſton, iadis le mignon d'Edouard. 2. Roy d'Angleterre, eſt fidellement tirée des Cproniques & traduiɛte de Latin en François.